JN233669

キリンくんの
パンパカあそびうた

新沢としひこ／著

チャイルド本社

はじめに
この3つが大事なのだ！

その1 「おもしろがる力」が大事なのだ！

　「遊ぶこと」って意外と難しいんですよね。「まったくおまえは遊んでばっかりいて！」なんておとなは叱りますが、そんなふうに遊びに熱中できる子どもはけっこう優秀なんだと思います。遊ぶのにも「集中力」「創造力」「想像力」「体力」「知力」「気力」などなど、いろいろな「力」が必要なんですね。そしていちばん必要なのが「おもしろがる力」「楽しむ力」だと思います。あそびの場面だけではありません。人生においてもこの力が弱いとつらいと思います。「おもしろがる力」「楽しむ力」があれば毎日はおもしろいこと楽しいことがいっぱいあるはずです。ぼくは子どもたちに、そして子どもを取り巻くおとなたちにも、これらの力をたくさんつけてほしいと思います。

その2 「実際に遊んでみること」が大事なのだ！

　だからってこの本は、「楽しむ力増強練習帳」ではありません。このうたたちをどんなふうに遊ぶのかは、読者のみなさんの自由です。展開の例、あそびのバリエーションなど、いろいろぼくなりにヒントになるんじゃないかな？　と思うことは書きましたが、きっと読んでいて「私ならもっとおもしろく展開できる」「うちのクラスの子どもたちはもっとハチャメチャに替えうたして遊んじゃう」などと思う人がいっぱいいるはずです。それでいいんです。この本の通りに遊ばなくってもいいし、

メロディーも歌詞も変えちゃっていいんです。たいせつなのは「遊ぶこと」。実際に子どもたちと遊んで楽しい時間を共有することです。一度もページを開かれず、本棚でずーっと眠っている、というのがいちばん悲しいですね。

その3 「自分なりに遊んでみること」が大事なのだ！

　パラパラページをめくるでしょ。それで、ふーんこういううた、そうか、私はこう思うけどなあ〜、なんてあなたのアンテナがピピッて反応したとするでしょう。そしたらもう本を閉じて、後は自分なりに遊び始めちゃえばいいんです。この本の役目はあなたをちょっと刺激したことでもうおしまい。いつかまた暇な時にパラパラほかのページを見てくれればいいんです。あんまり本に書いてあることにとらわれないように。遊ぶのはあなたと、あなたの目の前にいる子どもたちなんですから。子どもたちから「もっとこうしようよ」なんて言ってきたら、絶対そっちが優先。それは子どもたちの「おもしろがりパワー」が発動し始めたってことなんだから。

　ここまで読んで、もう自分の「おもしろがりパワー」が動き出して勝手に、「子どもたちと遊びたいよ〜！」とうずうずしてしまった人はいいです。どうぞこの本はほったらかして遊びに行ってください。「へえ〜、どんなあそびうたが載ってるんだろう？」と思ったあなたは、どうぞ次のページにお進みください。

新沢としひこ

もくじ

はじめに………2

第1章 ふれあって あそぼう！

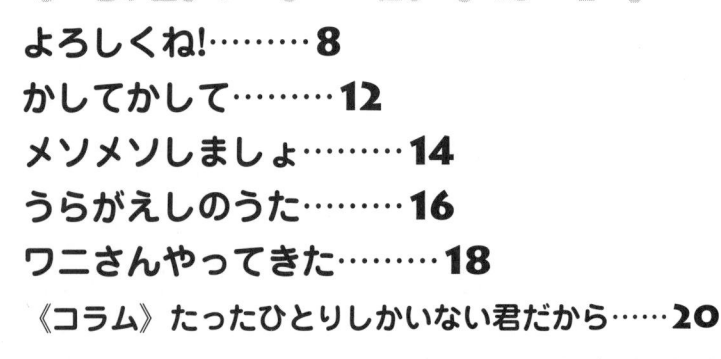

よろしくね!………8
かしてかして………12
メソメソしましょ………14
うらがえしのうた………16
ワニさんやってきた………18
《コラム》たったひとりしかいない君だから……20

第2章 げんきに あそぼう！

ガンバリマンとガンバラナイマン………22
まねしてね………26
はらぺこかいじゅう………28
おやおやおかしなおとがする………30
風にふかれると………32
だいへんしんのうた………34
へんてこおばけ………36
いろんなところにでかけよう！………40
ひつじのメイ………42
おやつはなあに………46

ワン ツー！ たいそうあそび

トマトたいそう………50
ビックリマーチ………52
おしたりひいたり………54
げんきがポン………56
グルグルリン………58
しゃきしゃきたいそう………60
おおきくいっぽ………62

《コラム》表も裏も真実なのだ！……… 65
おれたちゃドングリ団……… 66
大きな明日がやってくる……… 68
げんきにはしろう……… 70
だっこレスキューたい……… 72
ひこうきにのってどこへいこう……… 76
ガッチリガード……… 78
どれにしようかな……… 80
おかわりちょうだい……… 82
ゆっくりのうた……… 84
ほしいものなあに……… 86
だんだん……… 88
チョッキンむし……… 90
《コラム》いっしょに成長しているんだよね…… 92

第3章 うたって あそぼう！

みんなのなまえ……… 94
さよならのかわりに……… 96
みんなにあえてよかったな……… 98
世界中のこどもたちが……… 100
ハッピーチルドレン……… 104
キラキラがいっぱい……… 108

◆シンガーソングライター　元保育者
新沢としひこ（しんざわ　としひこ）

1963年東京生まれ。ある時はコンサートでオリジナルソングを歌うシンガーソングライター。ある時は保育講習会の講師。ある時はエッセイストと様々な活動を行っている。代表曲に「世界中のこどもたちが」「はじめの一歩」「ともだちになるために」「さよならぼくたちの保育園」「パワフルキットちゃん」など。『キリンくんのおもしろことばうた』『新沢としひこが選ぶ卒園の歌　さよならぼくたちのほいくえん・ようちえん』（チャイルド本社）も好評発売中。

新沢としひこホームページ　http://www.ask7.jp/

第1章 ふれあって あそぼう！

よろしくね！

新しい先生や友達との出会いに、ケンカした時の仲直りに、
また、もっともっと仲よくなりたい友達と、
このうたを歌って踊って、元気によろしくね！

詞・曲　新沢としひこ

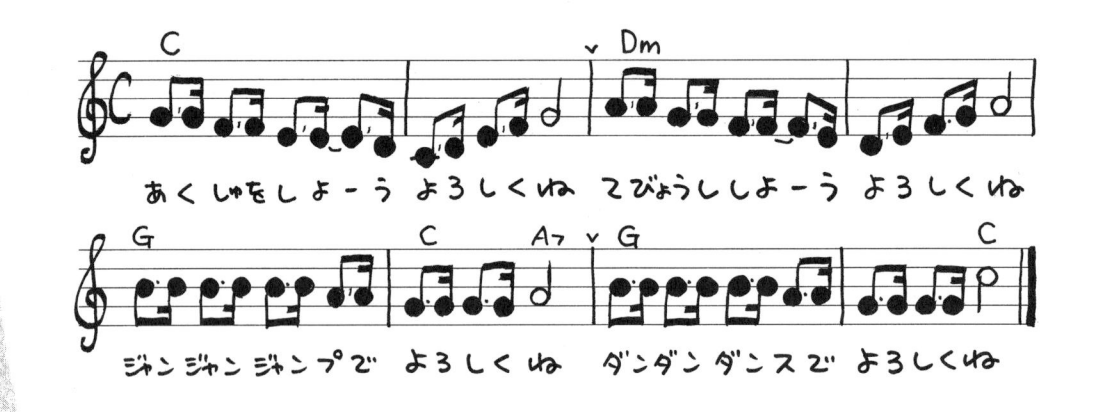

あくしゅをしょーう　よろしくね　てびょうししょーう　よろしくね
ジャンジャンジャンプで　よろしくね　ダンダンダンスで　よろしくね

第 ① 章　ふれあって　あそぼう

♪ **あくしゅをしよう　よろしくね**

ふたり組になって、握手をしながら手を上下に振る。

♪ **てびょうししよう　よろしくね**

両手を打ち合わせて手拍子。

♪ **ジャンジャンジャンプで　よろしくね**

手を取り合ってジャンプ。

♪ **ダンダンダンスで　よろしくね**

自由にダンスする。踊りながらパートナーを替えて、また最初から。

Variation 3人以上でも遊べるよ

♪ あくしゅをしよう　よろしくね

♪ てびょうししよう　よろしくね

一列に並んで隣の人と手をつなぎ、手を上下に振る。

隣の人と手を打ち合わせる。

♪ ジャンジャンジャンプで　よろしくね

♪ ダンダンダンスで　よろしくね

手をつないだまま、みんなでジャンプ。

自由にダンス。

第1章　ふれあって　あそぼう

Variation 「よろしくね」のふりつけを変えてみよう

よろ　　しく　　ね

向かい合って、3回手拍子。

パンと1回手拍子。
ひざを1回たたく。
両手を上げてピョンとはねる。

キリンくんのあそびうた日記

子どもの世界もたいへんだ

　新学期、保育室を見回すと、元気いっぱいおしゃべりをして、すでに新しい園での生活を謳歌しているような子から、端っこの方でみんなが遊んでいるのをただジーッと見ているような子まで、いろいろいます。保育者としては、できるだけ早くなじんでほしいと考えますから、なかなか輪に入らない子は気になってしまいますよね。ぼくが子どものころも輪には入らず見ているタイプでしたが、楽しそうに遊ぶ友達を見るのもなかなか幸せでした。もし「新沢くんも入れてあげて」と保育者に言われたら恥ずかしくて逃げ出していたかもしれません。
　ひとりぼっちだからって、さびしいとは限らないのです。園では元気いっぱいおしゃべりなのに、家に帰ると疲れてグッタリしてしまう子もいます。気楽そうに見えても、子どもなりに気を使い苦労しているのです。だから保育者が無理にどうこうしようとせず、"お互いけっこうたいへんだよね。まぁよろしく"という感じで接してみてはどうでしょうか？

かしてかして

友達の手や顔を借りて遊ぶ、手あそびうたです。
借りるほうと貸すほうで、交代しながら遊ぶといいでしょう。
借りものですから、大事に優しく扱ってあげましょうね。

詞・曲　新沢としひこ

かしてかして　{おてて／おみみ／ほっぺ}をかして　なんてかわいい　{おてて／おみみ／ほっぺ}でしょう
ビロビロしたい　モジョモジョしたい　なでなでだいじに　しなさいね

♪ かしてかして　おててをかして

ふたり組になって、
一方がもう一方の手を取る（借りる）。

♪ なんてかわいい　おててでしょう

借りた手をブルブル震わせる。

第 ① 章　ふれあって　あそぼう

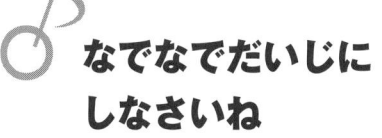

♪ **ビロビロしたい**

両手で指を軽く引っぱる。

♪ **モジョモジョしたい**

両手でくすぐる。

♪ **なでなでだいじに しなさいね**

両手ではさんで優しくなでる。

♪ 2ばん **おみみをかして〜**

相手の耳を借りて…。

♪ 3ばん **ほっぺをかして〜**

相手のほっぺを借りて…。

Variation　ほかにもいろいろ借りてみよう！

♪ おはなをかして〜

♪ おくちをかして〜

♪ あんよをかして〜

メソメソしましょ

メソメソ顔、ニコニコ顔、プンプン顔…、
うたに合わせていろんな表情をつくる、顔の体操です。
よーくもみほぐしてね。

詞・曲　新沢としひこ

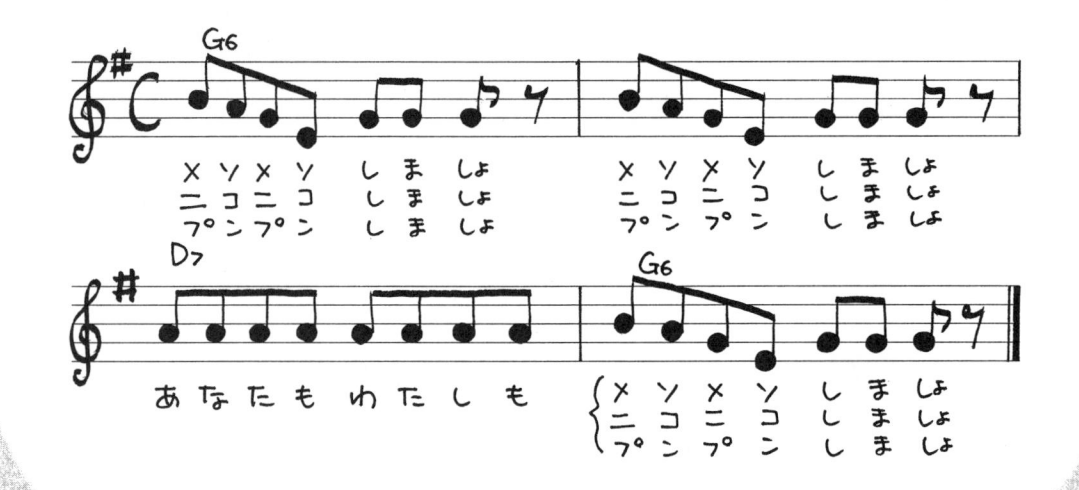

♪ **メソメソしましょ〜**
両手で顔を下に引っぱって、
メソメソ顔をつくる。

♪ **あなたもわたしも**
ほっぺをグルグル回す。

♪ **メソメソしましょ**
再びメソメソ顔をつくる。

第 1 章　ふれあって　あそぼう

♪ 2ばん　ニコニコしましょ～

ほっぺを持ち上げ、ニコニコ顔をつくる。

♪ 3ばん　プンプンしましょ～

目と眉をつり上げ、プンプン顔をつくる。

Variation　ふたり組で遊んでもOK

♪メソメソしましょ

友達とふたり組になって…。

保育者が子どもにやってあげるのもいいですね。

※指が目に入らないように注意して下さい。

キリンくんのあそびうた日記

クヨクヨの自分も大切に…

　保育者も人間なので、落ち込んだりクヨクヨ悩んでしまう日ってありますよね。ぼくは自分が元気な時は、ぐずぐずしたりメソメソしている子がもどかしくてしょうがありませんでした。ところが、ぼく自身の気持ちがクヨクヨしていると、不思議とそういう子の気持ちがわかってくるのです。他人の何気ない言葉に傷ついたときに、ぼくも子どもたちに同じことをしているのではないかと気づきました。「悲しいことがたくさんあった人は他人に優しくなれる」という言葉は保育にも当てはまると思います。クヨクヨしているときは、自分の保育を見直すチャンスだと考えると、よいかもしれませんよ。

うらがえしのうた

「うらら〜うらら〜」と元気に歌いながら
みんなで裏返しになって遊ぼう！
テンポをだんだん速くしていくと楽しいよ。

詞・曲　新沢としひこ

うららうらら　うらがえし　くるりとまわって　うらがえし

うらら うらら　うらがえし　もいちどまわって　もとどおり

♪ **うらうらうらら　うらがえし**

ふたり組になって両手をつなぎ、左右に振る。

♪ **くるりとまわって　うらがえし**

手を大きく振り上げ、そのまま背中合わせになる。
（"なべなべそこぬけ"の要領で。）

第 ① 章　ふれあって　あそぼう

♪ **うららうらら　うらがえし**

背中合わせのまま両手を左右に振る。

♪ **もいちどまわって　もとどおり**

再度体を裏返して、元に戻る。

Variation　3人でもできるよ

♪ **うらら　うらら〜**

輪になって手をつなぐ。

♪ **くるりとまわって　うらがえし**

ひとりが残るふたりの腕の下をくぐりぬけ、そのままほかのふたりも裏返しに。

♪ **うらら　うらら〜**

手をつないだまま後ろ向きに。今度はひとりがおしりから輪をくぐって、もと通りになる。

こうすれば何十人でもできるよ。

ワニさんやってきた

大きいワニさんは大きい声と大きいふりで。
小さいワニさんは小さい声と小さいふりで。
違いをはっきり出して遊ぶと楽しいよ。

詞・曲　新沢としひこ

おおきいワニさんささくん　ちゅういのワニさんささく
おおきいワニさんささくん　ちゅういのワニさんささく
おおきいワニゴツささくん　ちゅういのワニゴツささく

ちいさいワニさんささくん　やってきた
ちいさいワニさんささくん
ちいさいワニゴツささくん

♪ おおきいワニさん

向かい合って手で大きなワニの形をつくり、大きく2回手をたたく。

♪ ちゅうくらいのワニさん

中くらいのワニをつくり、4回手をたたく。

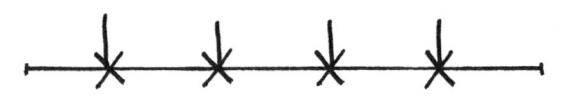

第1章　ふれあって　あそぼう

♪ ちいさいワニさん

小さいワニをつくり、8回手をたたく。

♪ やってきた

ふたりでくすぐりっこをする。

♪ 2ばん おおきいトリさん〜

両手を振って、鳥のようにはばたく。

♪ 3ばん おおきいゴリラくん〜

ゴリラのように胸をたたく。

Variation いろいろな動物でやってみよう

♪ おおきいタコさん〜

♪ おおきいヘビさん〜

タコやヘビ　クマ、ウサギ…　いろいろ　できるね。

Column
たったひとりしかいない君だから

　保育の仕事をしていたというと、「子どもがお好きなんですねえ」と言われます。「たいへんな仕事ですよねえ。好きじゃなくちゃ、とてもできませんものねえ」と言うのはもちろん保育の仕事をしている人ではありません。プラス、「私はどうも子どもが苦手で、保母さんなんて尊敬しちゃいますよ」なんて言われると、ちょっと複雑な気持ちになってしまいます。「子どもはもちろん好きだけど、あなたの言う『子どもが好き』って言うのとは、ちょっと意味が違うかもしれませんよ！」と言いたくなってしまうのです。

　「あら保父さんだったの！　まあすてき。子どもって本当にかわいらしいですよねえ」と言ってくる人もいます。相槌を打ってみるものの、心の中はやっぱり複雑。「子どもたちをかわいいとは思いますが、あなたの言う『子どもがかわいらしい』っていうのとは、ちょっと意味が違うかもしれませんよ！」と、これまた言いたくなってしまいます。ぼくは最初、"子ども"というだけで、天使みたいな存在、純真な心をもち、キラキラした瞳をもつ、すてきな生き物、みたいに思っていました。みんなかわいく思えて、毎日が感激の連続でした。ところがしばらくたつと、子どもたち一人ひとりの性格がだんだんわかってきて、ぼくのイメージは崩れていきました。生意気な子、粗野な子、落ち着きのない子、ダラダラしている子。純真な天使とはほど遠い…。そんなふうに思い始めたら、あの子の口のきき方は腹が立つ、あの子はすぐうそ泣きをするから許せないなどと、気に障る苦手な子どもがたくさん出てきました。子どもなんてちっともかわいくないじゃないか！　このままクラス中のみんなのことが嫌いになってしまうかもしれない、と思い悩んでから、「だってみんな天使じゃなくて人間なんだもんなあ。そりゃそうだよ」と、ふと肩の力が抜けました。

　おとなの友達と同じ、すぐに気の合うやつもいれば、時間のかかるやつもいます。乱暴な子も実は根が優しかったり、ずるい子はそのぶん機転がきいて賢かったり、いつもバタバタ騒がしい子は何にでも好奇心があって感性が豊かだったり、みんないろんなところがあるよね、と思えたのです。それが個性ですものね。子どもはみんなかわいい、なんて今でも思いません。子どもだからかわいいのではないのです。太郎君は乱暴でだらしない、でもだからかわいいのです。えり子ちゃんは意地悪でこまっしゃくれてる、でもそこがかわいいのです。いろいろだから、ものすごくかわいいのですよね。同じように、子どもだから好き、というのではありません。うちのクラスのだいちゃんだから、みかちゃんだから好きなのです。たったひとりしかいない〇〇ちゃんだから好きなのです。

第2章 げんきに あそぼう！

ガンバリマンと ガンバラナイマン

いつも元気！ってわけにはいかないから、
ガンバったりガンバらなかったり、いろいろありだよね！

詞・曲 新沢としひこ

ガンバリマンが　きたぞ　がんばれ がんばれ がんばれ がんばれ
イソイデマンが　きたぞ　いそいで いそいで いそいで いそいで
ハシッテマンが　きたぞ　はしって はしって はしって はしって

ガンバラナイマンン　がきて　がんばる　な
イソガナイマンン　がきて　いそーぐ　な
ハシーラナイマンン　がきて　はしーる　な

がんばって　がんばらないで　がんばって　がんばらないで
いそーいで　いそーがないで　いそーいで　いそーがないで
はしって　はしーらないで　はしって　はしーらないで

がんばったり　がんばらなかった　リリリ
いそーいだり　いそーがなかった　リリリ
はしったり　はしーらなかった　リリリ

第 ② 章　げんきに　あそぼう

♪ **ガンバリマンがきたぞ**

元気にガッツポーズ。

♪ **がんばれ　がんばれ〜**

両手を激しく振って応援するポーズ。

♪ **ガンバラナイマンがきて
がんばるな**

手をだらんと下にたらし、ブラブラ揺らす。

♪ **がんばって　がんばらないで〜**

うたに合わせてガンバリマンポーズと
ガンバラナイマンポーズを繰り返す。

♪ **イソイデマンがきたぞ**

腰に手をあてて、ポーズをつくる。

♪ **いそいで いそいで〜**

左右にあわただしく両手を出したり引っ込めたりする。

♪ **イソガナイマンがきて いそぐな**

のんびりとイソガナイマンのポーズ。

♪ **いそいで いそがないで〜**

うたに合わせてイソイデマンとイソガナイマンを繰り返す。

♪ **ハシッテマンがきたぞ**

その場でランニング。

♪ **はしって はしって〜**

すばやく走るまねをする。

第 ② 章　げんきに あそぼう

♪ ハシラナイマンがきて
　はしるな

のんびり足踏み。

♪ はしって　はしらないで〜

うたに合わせて
ハシッテマンとハシラナイマンを繰り返す。

キリンくんのあそびうた日記
だめな自分も受け入れよう！

　保育者になりたてのころぼくは、「早くよい保育者にならなければ」と思っていました。子どもがけんかしている場面に会うと、「よい保育者はどのように接するんだろう？　止める？　見守る？　応援する？」などといろいろ考えたり…。結局ただオロオロしていましたけど。よい保育者になるために「自分はまだまだ。どう行動すればいいんだろう？」と考え始めると、体は固まっていくばかり。周りを見てみると、ほかの先生はみんな自信をもって行動しているように見えるんです。ぼくはどこか「他人からよい保育者と評価されなければ」ということにとらわれていたんですね。本当はよい保育者がどういうことだかよくわかっていないのに、周りの目ばかりを気にして自分の行動を決めかねていたのです。ぼくはその時、「自分ってこんなに自信がなかったんだなあ」ということを発見しました。それからちょっと肩の力が抜けて楽になりました。新人なんだから、自信がないのはあたりまえなんですよね。
　よい保育者でなければとあんまり気負っていては、周りも子どもも疲れてしまいます。向上心も頑張ることも必要ですが、だめな自分を受け入れる余裕ももっていたいものです。そうしているうちに自分が見えてくるでしょう。その時にまた、子どもたちと新しい関係がつくれるのではないでしょうか？

まねしてね

リーダーをひとり決めて、うたに合わせてまねっこあそびをしよう。
ちょっぴり恥ずかしいポーズや、だれにもできない難しいポーズなど、
あっと驚くいろんなポーズが出てくるかも…。

詞・曲 新沢としひこ

まねしてねー　まねしてねー　わたしのまねして
まねしてねー　まねしてねー　じょうずにまねしてね

♪ まねしてね〜わたしのまねして 
リーダーが好きなポーズをする。

♪ まねしてね〜じょうずにまねしてね 
みんなでリーダーのポーズをまねる。

第 2 章　げんきに　あそぼう

Variation　こんなポーズにも挑戦！

● 首をグルグル。

くね〜
● くねくねダンス。

ピタッ
● 片足バランス。

● ねじりんぼう。

Variation　動物のまねをしても楽しいよ

おサルさん
ウッキー

ゾ〜ウさん

ケロケロ
カエル

ニョロニョロ
ヘビ

はらぺこかいじゅう

ぺこぽんは、はらぺこかいじゅう。
かぼちゃだって東京タワーだって、何だって食べちゃうよ。
そんなぺこぽんになったつもりで、元気に遊びましょう。

詞・曲　新沢としひこ

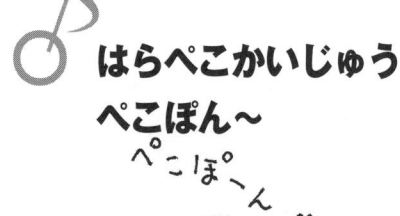

はらぺこ かいじゅう ぺこぽん（ぺこぽん）なんでも たべちゃう ぺこぽん ぺこぽん

おおきなかぼちゃを
きいろいなおはなを
せんたくばさみを
とうきょうタワーを
みつけてね　バクバク バクバク たべました

🎵 **はらぺこかいじゅう ぺこぽん〜**
ポーズをとって怪獣になりきる。

🎵 **おおきなかぼちゃを みつけてね** 
手でかぼちゃの形をつくる。

🎵 **バクバクバクバク たべました** 
おいしそうに食べるまねをする。

第 ② 章　げんきに あそぼう

♪ 2ばん
きれいなおはなを みつけてね

両手でお花の形をつくる。

♪ 3ばん
せんたくばさみを みつけてね

親指とひとさし指で せんたくばさみの形をつくる。

♪ 4ばん
とうきょうタワーを みつけてね

頭の上で三角形をつくり 東京タワーのポーズ。

Variation　人形劇ふうにアレンジ

● くつ下を手にはめて。

● パペット人形を使って。

キリンくんのあそびうた日記

ぼくははらぺこかいじゅう

　ひまわり組をいっしょに担任していた、れいこ先生は肉が食べられません。反対にぼくは肉が大好き。給食で肉料理が出ると、必ずぼくがもらっていました。

　あるときれいこ先生が言いました。「私、自分もお肉を食べないから、子どもたちに好き嫌いをしてはいけませんなんて言えないのよね。その点、としにいちゃんがおいしそうに食べている姿は、いちばんの指導になってるよね。残したらあいつに取られるって思うもん」「じゃあ、ぼくのばか食いも、クラス運営に貢献しているってことでしょうか？」「う～ん、そ、そうかもしれない…」。

　たしかにわがクラスでは、好き嫌いで残す子はほとんどいなかったなあ…。

おやおやおかしなおとがする

耳をすましてみると、身の周りにはいろんな音がいっぱい！
おもしろい音を探してみてね。

詞・曲　新沢としひこ

♪ おやおやおかしなおとがする
　もしかして

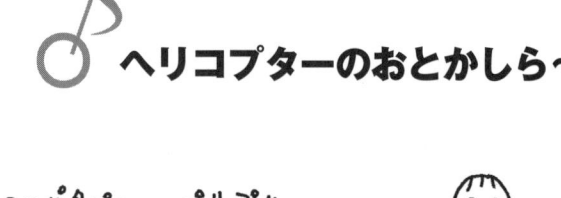

耳に手をあて、音を聞くポーズ。

♪ ヘリコプターのおとかしら〜

ヘリコプターになって、自由に音を表現する。

第 ❷ 章　げんきに　あそぼう

♪ 2ばん　しょうぼうしゃのおとかしら〜

消防車になって、音を表現する。

♪ 3ばん　とけいのおとかしら〜

時計になって、音を表現する。

Variation　いろんな音を探してみよう！

- ギターの音　ジャンジャン
- かみなりの音　ドーン
- えんちょうせんせい　コラー　だったりして...
- れいぞうこ　シーン
- どんな音があるかな？　ヒューンドロドロ〜　おばけの音

風にふかれると

うたに合わせて体をブラブラ揺らしましょう。
肩こりぎみの先生も、リラックス、リラックス。

詞・曲 新沢としひこ

かぜ に ふかれる と　ブラ ブラ ブラ ブラ
{あたま / あし} が ゆれ ー　た

♪ かぜにふかれると
曲に合わせて自然にリズムをとる。

♪ ブラブラブラブラ〜
　 てが　ゆれた
両手を上に上げ、ブラブラと揺らす。

第 ❷ 章　げんきに あそぼう

♪ ②ばん　あたまが ゆれた

首をブラブラ揺らす。

♪ ③ばん　あしが ゆれた

片方の足を上げ、ブラブラ揺らす。

Variation 体中を揺らしてみよう

♪ おしりが ゆれた

♪ こころが ゆれた

♪ てとあたまが ゆれた

♪ めが ゆれた

♪ おしりとあしとめが ゆれた

だいへんしんのうた

「だいへんしんのうた」を歌って、今日から別の自分に大変身！
子どもたちに、何になりたいかを聞いてみて、
どんどんうたやふりを増やしていってね。

詞・曲 新沢としひこ

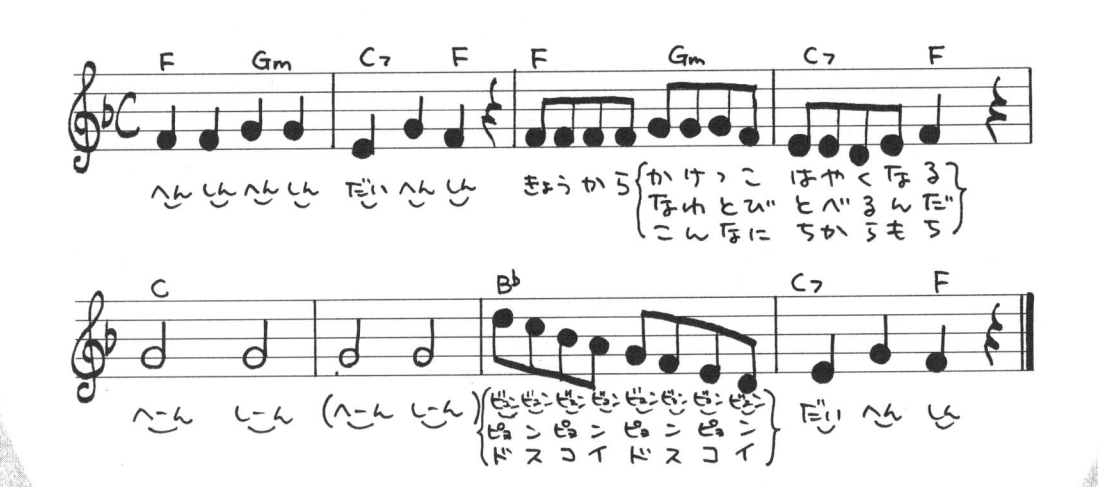

へんしんへんしん だいへんしん きょうから ｛かけっこ はやくなる／なわとび とべるんだ／こんなに ちからもち｝

へん しん（へん しん）｛ピョンピョンピョンピョン／ピュンピュンピュンピュン／ドスコイドスコイ｝ だいへんしん

♪ **へんしんへんしん〜 かけっこはやくなる**
うたに合わせて、手拍子、足踏みをする。

♪ **へーんしーん〜**
リーダーが両手を大きく回して、ガッツポーズ。みんなもまねして変身する。

♪ **ビュンビュン〜 だいへんしん**
大急ぎで走るまねをする。

第 2 章　げんきに あそぼう

♪ 2ばん **なわとびとべるんだ～**

なわとびのポーズ。

♪ 3ばん **こんなにちからもち～**

おすもうさんのポーズ。

> はじめは先生がリードしてね。

Variation　変身したいものを考えよう

♪ きょうからピーマン たべるんだ～

♪ おおきなこえで うたうんだ～

♪ きょうからわたしは おひめさま～

Variation　変身ポーズもくふうして

両手を大きく回してから、胸の前で交差させる。

左手を大きく回してから、右手を左上にかかげる。

へんてこおばけ

子どもたちの大好きなおばけごっこのうたです。
夏のお泊まり会などにもピッタリ。
ゆかいでかわいい、オリジナルのおばけをたくさん考えてね。

詞・曲 新沢としひこ

へんてこおばけが あつまって へんてこおばけの おまつりだ ヒュー ヒュー ドンドロドンドン おばけだぞ（ヒュー）

第 ② 章　げんきに あそぼう

♪ へんてこおばけが

おばけのポーズで右足から右に4歩歩き、
4歩目で左足のかかとをトン。

♪ あつまって

次に左足から左に4歩歩き、
4歩目で右足のかかとをトン。

♪ へんてこおばけの
　おまつりだ

同じように、右に4歩、
左に4歩歩く。

♪ ヒューヒュー〜
　おばけだぞ

その場でゆっくり1回転。

♪ （ヒュー！）

ヒュ〜ッ！

正面を向いて、両手を
上に上げる。

Variation いろんなおばけ大集合！

● つっつきおばけ

● パクパクおばけ

● ユラユラおばけ

● モジャモジャおばけ

● プクプクおばけ

足のステップはそのままで手や体の動きをいろいろ変えていくよ。

● ブルブルおばけ

● モジョモジョおばけ

第 2 章　げんきに　あそぼう

キリンくんのあそびうた日記

オバケ大好き

　オバケとか妖精とか宇宙人とか超能力とか、何だかよくわからないものってたくさんあります。「常識ではありえないよ」と思ったり、「いやひょっとして」とも思ったり…。子どもたちはそういう「不思議」ととっても近いところに住んでいますよね。それは疑う心がまだなくて、魂がピュアだから、ともいえますが、「空想」と「現実」が基本的にまだごっちゃになっているから、ともいえます。でもそれは意外と大切なことですね。

　「嘘」とか「夢」とか「空想」とか、「現実」と違うものをおとなは意識的になくしてしまいがち。でもそれらは、本当は「現実」をもっと豊かにしてくれるものかもしれません。実はおとなにこそ必要なんじゃないのかな。

　だから子どもの時に、イメージの世界、ごっこ遊びとかたくさんやってほしいと思うんです。空想の翼をはばたかせて、豊かでおもしろい発想をたくさんしてほしいと思うんです。そうすれば、日本の未来は明るいと思うんだ。柔軟な脳で、豊かな発想をもったおとなが増えていけばね。なんてオバケから壮大なことを言ってしまいましたが…。

　でも、子どもってオバケが大好き。とっても怖いんだけど、見たくなんかないんだけど、嫌いなんだけど、なんか好き。ドキドキするからでしょうか？　部屋とか暗くしてオバケごっこなんかしちゃうと、本気で怖がっちゃう子もいるんだけど、それでも「またオバケやろう」なんて言ってくるんですよね。だからいっそのこと、みんなでいろんなオバケを考えてしまいましょう。それでみんなで、そのへんてこなオバケになって大集合！　楽しいお祭りをやってしまおう、というのがこのあそびです。そうすれば怖くなんかないよね。

　そういえばある日、「うちの子、何か見えるみたいなんです」と言ってきたお母さんがいて、それはちょっと怖かったですけどね。まだまだ身の周りには、不思議なことがいっぱいだなあ。

いろんなところにでかけよう！

行きたいところをいろいろ考えてみよう！
とんでもないところでも、うただったら行けちゃうね！

詞・曲　新沢としひこ

たのしいところに　でかけよう　たのしいところに　でかけよう
おいしいところに　でかけよう　おいしいところに　でかけよう
こわーいところに　でかけよう　こわーいところに　でかけよう

たのしいところは　ゆうえんち　そりゃそりゃほんとに　たのしいね
おいしいところは　レストラン　そりゃそりゃほんとに　おいしいね
こわーいところは　おばけやしき　そりゃそりゃほんとに　こわーいね

♪ たのしいところにでかけよう〜　そりゃそりゃほんとにたのしいね

「たのしいところはどこかな？」
「おもちゃやさん」
「デパート」
「おばあちゃんのうち！」

みんなで「楽しいところ」はどこか考えて、うたに取り入れていきましょう。

第 2 章　げんきに あそぼう

🎵 2ばん　おいしいところにでかけよう〜

- ケーキやさん
- レストラン
- おかしのくに♡

「おいしいところ」はどこか考えてみましょう。

🎵 3ばん　こわいところにでかけよう〜

- おばけやしき
- よるのほいくえん
- だれもいないこうえん

「怖いところ」はどこか考えてみましょう。

Variation　いろんなところにでかけよう！

🎵 とおいところに〜
- アメリカ
- うちゅう
- うみ？

🎵 さむいところに〜
- ほっかいどー
- ほっきょく
- れいぞうこ

ほかにも どんなところに 行きたいか 考えてみてね。

ひつじのメイ

スキップしながら、友達を見つけよう。
スキップが難しかったらトコトコ走るだけでもOKだよ。
いつのまにかみんな友達になっているのだ。

詞・曲 新沢としひこ

メーメーメーひつじのメイがゆく
メーメーメーひつじのメイがゆく ともだちどこかに
いないかな あらら あそこにみつけたよ ランラ ランラ

第 2 章　げんきに　あそぼう

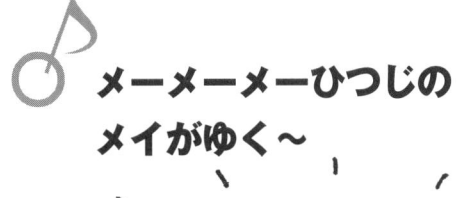

♪ メーメーメーひつじの　メイがゆく～

メイ役の子をひとり決め、腰に手をあててスキップする。
ほかの子は周りに円になって座る。

♪ ともだちどこかにいないかな

座っている子を順番に指さす。

♪ あららあそこにみつけたよ～

次のメイ役を指名する。

♪ （繰り返し）

指名された子は、
スキップをして同様に繰り返す。

人数の多いクラスでは…

●最初からメイ役を2、3人決めて…。

●交代形式ではなく、1人→2人→4人→8人と、だんだん増やしていく。

第 ❷ 章　げんきに　あそぼう

●最初のメイを先頭にして、後ろにどんどん友達を増やしていく。

キリンくんのあそびうた日記

友達いっぱいひつじのメイ

　新しい友達をつくるというのは、なかなか難しいものですよね。「子どもはいいわね。すぐに友達になれて」なんておとなはすぐに言いますが、友達をつくるのが下手な子どもだってたくさんいます。いっしょに遊びたい気持ちがあるのに、もじもじしてなかなか行動に移せない子、好きという気持ちが極端に表現されて、結局周りからけむたがられる子、思ったことと、つい反対のことをしてしまって誤解されてしまう子、その不器用さもさまざまです。でも、そんな失敗も貴重な経験。最初から何でもうまくいかないから、人生っておもしろいんですよね。

　生まれて初めての集団生活、子どもたちにはせっかくだからいろいろな出会いをして、たくさんのことを学んでほしいですね。

　このうたは友達を探すあそびうたです。「友達」づくりのきっかけのひとつにでもなってくれたらな、って思います。

45

おやつはなあに

みんなが大好きなおやつ。今日は何を食べたいかな？
いろんな人や動物の好きな食べ物を考えて、楽しんでみよう。

詞・曲　新沢としひこ

おやつ　おやつ　おやつはなあに

ケンちゃんの　おやつは　チョコレート
メグちゃんの　おやつは　ビスケット
エミせんせいの　おやつは　しおせんべい
えんちょうせんせいの　おやつは　いもようかん

♪ おやつおやつ　おやつはなあに

保育者またはリーダーが、だれかひとりを指名する。

♪ ケンちゃんのおやつは　チョコレート

どんなおやつを食べるか考えて、うたにする。

第 ② 章　げんきに　あそぼう

♪ 2ばん
**メグちゃんの
おやつはビスケット**

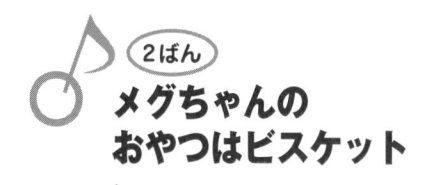

♪ 3ばん
**エミせんせいの
おやつは しおせんべい**

♪ 4ばん
**えんちょうせんせいの
おやつは いもようかん**

順番に好きなものを聞いていき、うたにする。

Variation
ほかにはどんなおやつがあるかな？

♪ ウサギのおやつは？
にんじん

♪ かいじゅうのおやつは？
東京タワー

♪ うちゅうじんのおやつは？

Variation　パネルシアターやペープサートにしても…

うさぎの おやつは にんじんでした

たくちゃんの おやつは ショートケーキでした

Variation　画用紙に絵を描いて、紙芝居ふうに…

つぎは たろうくんです
♪おやつは なあに

♪たろうくんの おやつは ソフトクリーム

おいしそ〜

ワン ツー！
たいそうあそび

トマトたいそう

トマトだって体操するのだ！
トマトに限らず、バナナやカボチャ、キャベツなど
ほかの果物や野菜にもなって、いろいろ楽しんでみよう！

詞・曲　新沢としひこ

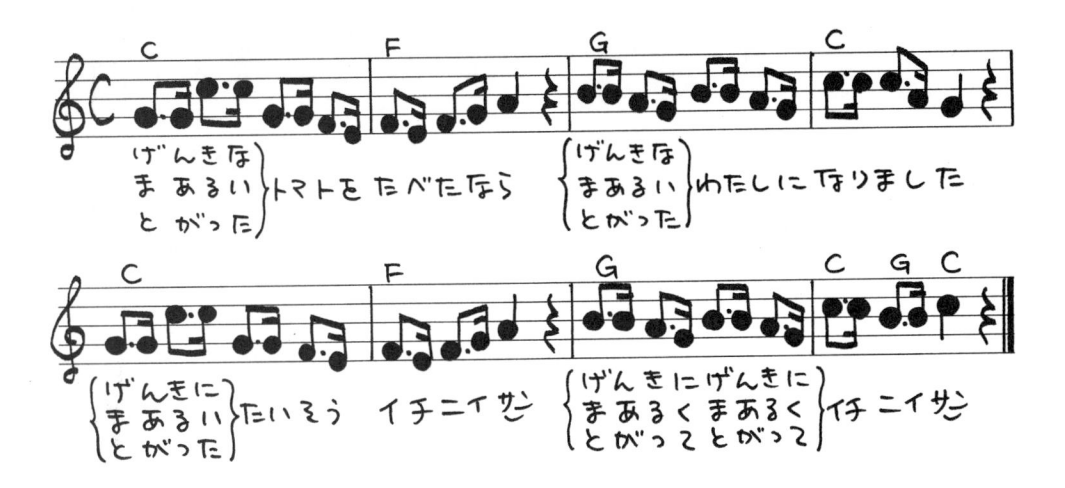

（げんきな／まあるい／とがった）トマトをたべたなら　（げんきな／まあるい／とがった）わたしになりました
（げんきに／まあるい／とがった）たいそう　イチニイサン　（げんきにげんきに／まあるくまあるく／とがってとがって）イチニイサン

※ **げんきなトマトをたべたなら**

頭の上で輪をつくり、
ひざを屈伸しながら体を左右交互に動かす。

※ **げんきなわたしになりました**

体を左右に動かしながら、
ひじを曲げてガッツポーズ。

ワン ツー！ たいそうあそび

❋ げんきにたいそう イチニイサン

体を動かしたまま手を上に上げ、「サン」でピタッと止まる。

❋ げんきにげんきに イチニイサン

両腕をグルグル回して、最後にジャンプ！

❋ 2ばん まあるいトマトをたべたなら〜

ほっぺたを膨らまし、「まあるいトマト」のポーズで…。

❋ 3ばん とがったトマトをたべたなら〜

体をとがらせて、「とがったトマト」のポーズで…。

Variation いろんなトマトポーズを考えよう

- ❋ ちっちゃいトマト〜
- ❋ でっかいトマト〜
- ❋ しなびたトマト〜

ビックリマーチ

探検隊が行進していくと、
いろいろビックリするものに遭遇！
世の中、ビックリすることが、いっぱいあるなあ。

詞・曲　新沢としひこ

みたぞ みたぞ ゾウのあしー　こんなにふとくて
みたぞ みたぞ キリンのくびー　こんなにながくて
みたぞ みたぞ アリのかおー　こんなにちっちゃくて

びっくりだ ハッ ビックリマーチ ビックリマーチ ビックリマーチ オー！

✻ **みたぞみたぞ　ゾウのあし**

遠くを見る時のように、目の上に手をかざし、
左右を交互に見回す。

✻ **こんなにふとくて　びっくりだ**

胸の前で大きく輪をつくり、
ゾウの足を表現する。

ワン ツー！ たいそうあそび

※ ハッ

両手を上げてびっくりポーズ。

※ ビックリマーチ
ビックリマーチ〜

元気に足踏みしながら行進する。

※ オー！

こぶしを高く上げて、ポーズをとる。

2ばん

※ **みたぞみたぞキリンのくび
こんなにながくてびっくりだ〜**

両手を高く上げ、
キリンの首を表現する。

3ばん

※ **みたぞみたぞアリのかお
こんなにちっちゃくてびっくりだ〜**

親指とひとさし指で
小さな輪をつくり、
アリの顔を表現する。

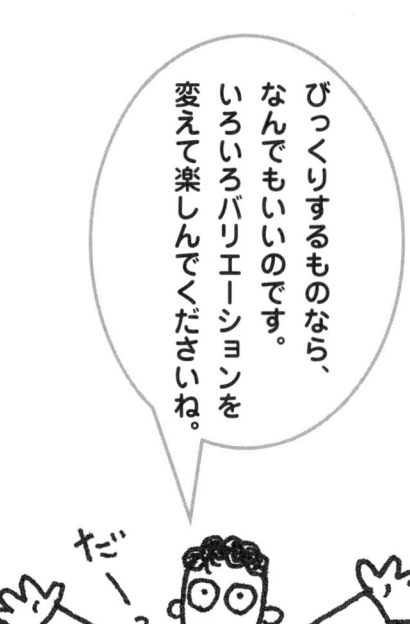

> びっくりするものなら、なんでもいいのです。いろいろバリエーションを変えて楽しんでくださいね。

おしたりひいたり

体のいろいろな部分で、押したり引いたりする体操だよ。
人生、押してばっかりじゃダメ。
押したり引いたりバランス良くね。

詞・曲 新沢としひこ

おして おして おして おして どんどんおして ー

ひいて ひいて ひいて ひいて どんどんひいて ー

おしたり ひいたり おしたり ひいたり あああいそがしい ー

❋ **おしておして～どんどんおして** 
おすもうさんのように、両手を交互に前に押し出す。

❋ **ひいてひいて～どんどんひいて** 
引き出しを開けるように、両手を交互に引きよせる。

ワン ツー！ たいそうあそび

おしたり ひいたり〜

うたに合わせて、両手を同時に押したり引いたりする。

ああ いそがしい

すばやく両手を動かし、押したり引いたりする。

Variation
いろんなところでやってみよう！

おしておして　ひいてひいて　　おしておして　ひいてひいて

●足を使って。　　　　　　　　●指を使って。

おして おして　ひいて ひいて　　おして〜　　ひいて〜

●口を使って。　　　　　　　　●眉毛はできるかな？

げんきがポン

「元気の素」って、たくさんあるね。
食べること、遊ぶこと、それから寝ること。
みんなの「元気の素」は何かな？

詞・曲　新沢としひこ

げんきのもとは なんでしょう げんきのもとは ｛たべること／あそぶこと／はしること｝

パクパクパクパク／ワイワイワイワイ／タッカタッカタッカタッカ　｛たべたなら／あそんだら／はしったら｝　げんき げんき げんきがポン！

❋ **げんきのもとはなんでしょう　げんきのもとは　たべること**

両手を前でクロスさせ、内側に大きく回す。
「なんでしょう」でガッツポーズを3回。
これをもう1回繰り返す。

❋ **パクパクパクパク　たべたなら**

パクパクと食べるまねをする。

ワン　ツー！　たいそうあそび

げんき　げんき

右手でガッツポーズ→両手でガッツポーズ。

げんきが　ポン！

もう1回両手でガッツポーズをして、「ポン！」で大きくジャンプ！

2ばん
ワイワイワイワイ　あそんだら～

自由に体を動かし、遊んでいるように。

3ばん
タッカタッカタッカタッカ　はしったら～

その場でかけ足。

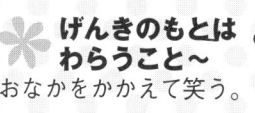

Variation
元気の素を探そう！

げんきのもとは　ねむること～
両手を顔の横で重ね、眠るポーズ。

げんきのもとは　わらうこと～
おなかをかかえて笑う。

げんきのもとは　うたうこと～
胸の前で両手を組み、歌うポーズ。

グルグルリン

グルグルリンと、体中いろんなところを回してみよう。
だんだん速くしていくと楽しいけど、
目が回っちゃうかな？

詞・曲　新沢としひこ

グルグルリン　グルグルリン　なんでもグルグルリン
はんたいに　グルグルリン　せかいはグルグルリン

* **グルグルリン〜
なんでもグルグルリン**

両腕をグルグルと大きく回す。

* **はんたいにグルグルリン〜**

反対にグルグルと回す。

ワン　ツー！　たいそうあそび

いろんなところを回してみよう！

● 首をグルグルリン。 
● 腰をグルグルリン。 
● 目玉をグルグルリン。 
● 指をグルグルリン。 
● 口をとがらせてグルグルリン。 
● その場でグルグルリン。

みんなで輪になって

大勢で遊ぶ時は、輪になってグルグル回ると楽しいですよ。その時は「はんたいに〜」で、回る方向を変えていきます。

グルグルたくさん回ってね。

しゃきしゃきたいそう

しゃきしゃきしたい時もある。くねくねしたい時もある。
気分に合わせて、いろいろな体操をしてみよう。
どんな気分だって、体操になっちゃうぞ。

詞・曲　新沢としひこ

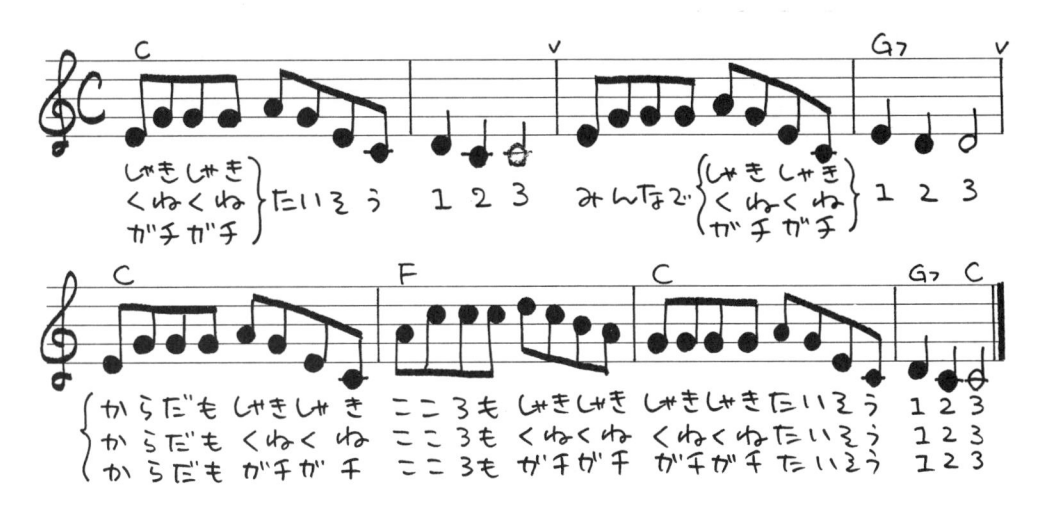

（楽譜）

歌詞：
しゃきしゃき／くねくね／ガチガチ　たいそう　１２３　みんなで　しゃきしゃき／くねくね／ガチガチ　１２３

からだも しゃきしゃき こころも しゃきしゃき しゃきしゃきたいそう １２３
からだも くねくね こころも くねくね くねくねたいそう １２３
からだも ガチガチ こころも ガチガチ ガチガチたいそう １２３

❀ しゃきしゃきたいそう １２３

しゃきしゃきと、右側に腕を２回振る。
左側も同様に。

❀ みんなでしゃきしゃき １２３

片方の手をあげ、側筋を２回伸ばす。
反対側も同様に。

ワン ツー！ たいそうあそび

✿ からだもしゃきしゃき〜

両手を肩→上→肩→下の順に動かす。
これをもう1回繰り返す。

✿ しゃきしゃきたいそう 1 2 3

足踏みしながら、その場をひと回り。
「3」で大きくジャンプ。

✿ 2ばん くねくねたいそう〜

体をくねくねさせながら、1番と同様に。

✿ 3ばん ガチガチたいそう〜

ロボットのように体をこわばらせ、
ガチガチと…。

Variation

いろいろたいそう 1 2 3

✿ もじもじたいそう〜

✿ キラキラたいそう〜

✿ のんびりたいそう〜

61

おおきくいっぽ

うたに合わせて、足を前や横に出していくだけの単純な体操ですが、
やってみると意外に大変。
テンポアップしていくと、難しいぞう！

詞・曲 新沢としひこ

おおきく いっぽ ちいさく いっぽ みーぎに いっぽ ひだりに いっぽ

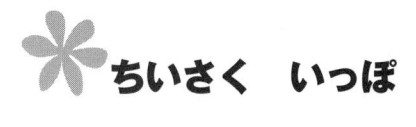

うしろに いっぽ うーえに いっぽで ジャンプ ジャンプ ジャンプ

おおきく ちいさく みぎに ひだりに うしろに うえに ジャンプ
おおきく ちいさく みぎに ひだりに うしろに うえに ジャンプ

✿ おおきく いっぽ
腰に手をあて、右足を大きく前に出し、また戻す。

✿ ちいさく いっぽ
左足を小さく前に出し、戻す。

ワン　ツー！　たいそうあそび

みぎに　いっぽ
右足を右に出し、戻す。

ひだりに　いっぽ
左足を左に出し、戻す。

うしろに　いっぽ
右足を後ろに1歩下げ、また戻す。

うえに　いっぽで
左足のももを上げ、戻す。

ジャンプ　ジャンプ　ジャンプ
その場で3回ジャンプする。

おおきくちいさく　みぎにひだりに〜

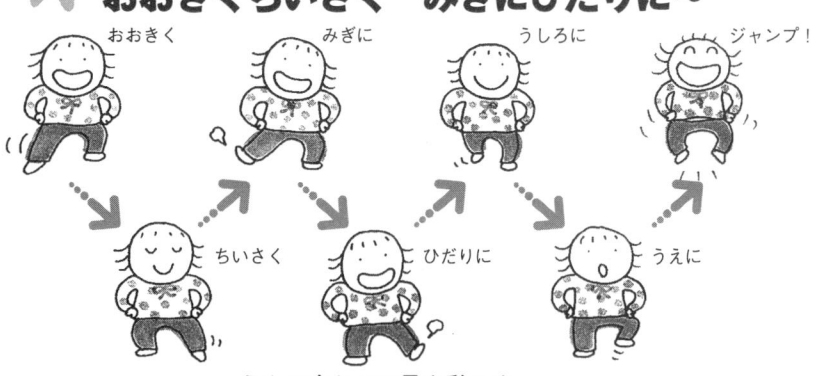

おおきく　みぎに　うしろに　ジャンプ！
ちいさく　ひだりに　うえに

うたに合わせて足を動かす。

いろいろな替えうたを楽しもう！

●足の替わりに手を使って…。　●足踏みしながら…。　●首を使って…。

キリンくんのあそびうた日記

大切な第一歩

　ぼくは、保育者に向いてないんじゃないか、ということをよく考えました。保育を始めたばかりのころは、ギターやピアノがひけるので自信満々だったんです。でもこれらは、保育の現場では役に立ちますが、いちばん大切なことじゃないんですよね。それに気づいちゃったらもうダメです。「ぼくには子どもの気持ちがわかっているかなあ？」とか「ぼくは本当に保育が好きなんだろうか？」と、そんなことを考えてばかりいた時、もうひとりのぼくが言いました。
　「自分は保育者に向いてないんじゃないかって悩む保育者の方が、全然悩まない保育者よりいいんじゃない？」って。
　向いてないと悩む人は、じゃあどうしたらよい保育ができるだろう？　と考えるし努力しますよね。自分は保育者に向いている、と無条件で思っている人はそれ以上あんまり成長しなさそうじゃないですか。だから「今は悩んでいるけれども、それはむだなことじゃない」と思うようになりました。
　今、自分がダメだと思うからこそ、よい保育者って具体的にどんな保育をする人？　何をしたら子どもたちが本当に喜ぶ？　って一生懸命考えますよね、きっとそれが大切なんです。今から思えば、その「向いてないんじゃないか」という思いが、ぼくの保育者としての「はじめの一歩」だったんだなあ、と思います。情けない一歩だけど、絶対に必要だった大切な一歩でした。

Column

表も裏も真実なのだ！

　ぼくは子どものころ、とても内気でおとなしい子どもでした。幼稚園時代のいちばん初めの記憶は、広い遊戯室の柱にもたれかかって、積み木の自動車で遊ぶ友達の姿をボンヤリ見つめているというものです。別にその車で遊びたいとか、仲間に入れずさびしいというような気持ちではなく、することもなくてそこが落ち着くから立っていただけなのですが、はたからは随分かわいそうな子どもに見えたことでしょう。

　今は人前で話したり歌ったりする仕事をしているので、子どものころ内気だったとか言っても一笑に付されたりするのですが、本人は今でも新しい環境になかなかなじめない人見知りだと思っています。その代わり幼少時代から出たがりだったのも事実で、人前で何か目立ったことをすることに、心の奥で快感を覚えたりしていました。人間って矛盾だらけですよね。

　占い師に「あなたは明るそうに見えるけれども、実は意外と暗い面もある」などと言われると、明るい感じの人ほど「ウン、当たってる」と妙に納得したりするそうです。「気が強そうだけど本当は小心者」とか、「慎重だけど実は大胆なところもある」とか、決まり文句はいろいろあるようですが、逆もまた真なりが人間。人の心にはたくさんの真実が共存する幅があるようです。ひとりの人間を表すレッテルが1枚で済むわけがありませんよね。

　保父になって1年目のクラスに、とってもとっつきにくい、偏屈な女の子がいました。4月のころは苦手意識があって、思わず避けがちになってしまっていました。向こうも嫌われてると思っているのか寄りつかないし、返事もしないのです。ところが何かの拍子で、その子が何でも裏返しに表現するということに気づいて、実に愛情豊かな子だということがわかったのです。自分の愚かな偏見を、その時はとても恥ずかしく思った瞬間でもあります。

　つまらないことで人を嫌いになってしまうのは、怖いことですよね。ぼくたちおとなは人を見るという力を何十年もかけて培ってきたのに、生まれてほんの何年かの子どもたちに教えられてしまうことが、たくさんあります。体裁ばかりに気をとられて、本質を見失うのは、本当におとなの悪い癖ですよね。

　新しいクラスの中には、不安を感じさせる子もいるでしょう。宇宙人のように、不気味でつかみどころがないように見える子どもも、ひとりくらいいるかもしれません。でもね、そういう子に限っておとなになると変なシンガーソングライターかなんかになって、保育雑誌にエッセイとか書くようになったりするのです。だから、いじめないようにしてくださいね！

おれたちゃドングリ団

ドングリになりきって遊びましょう。
コロコロよく転がるドングリが、
良いドングリだぞ！

詞・曲 新沢としひこ

ドングリ だんだ ドングリ だんだ ドングリ だんだ ぞ

おれたちゃ げんきな ドングリ だんだ ぞ

かぜが ふいたら {パラパラ / コロコロ} ころ

あちこち {ちらばる / ころがる} ドングリ だんだ ぞ

©1998 by ASKMUSIC CO,LTD

第 ② 章　げんきに　あそぼう

♪ **ドングリだんだ　ドングリだんだ～**

頭の上で手を合わせドングリポーズ。
一列になって、左右に揺れながら行進する。

♪ **かぜがふいたら　パラパララ～**

列から飛び出し、バラバラになって走り回る。

♪ 2ばん **かぜがふいたら　コロコロロ～**

自由に転がって、遊ぶ。

ひとくふうして…

電車ごっこのようにつながって…。

輪になっても楽しいよ。

大きな明日がやってくる

みんなの明日はどんな明日？
「大きい」かな？　「楽しい」かな？
いろいろな「明日」を歌ってみようね。

詞・曲　新沢としひこ

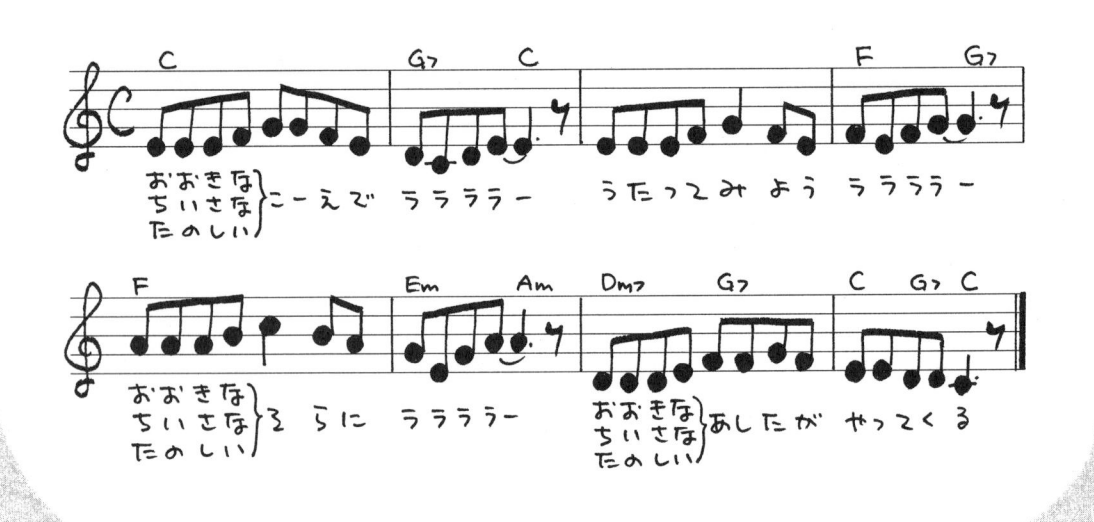

♪ **おおきなこえで　ラララララ～**

大きな声で歌う。

♪ **おおきなあしたが　やってくる**

もっと大きな声で歌う。

第 ② 章　げんきに　あそぼう

♪ ②ばん **ちいさなこえで　ラララララ〜**

♪ ③ばん **たのしいこえで　ラララララ〜**

小さな声で歌う。

ニコニコ楽しそうに歌う。

Variation　いろんな声で歌おう！

♪ かなしいこえで〜

♪ きれいなこえで〜

♪ かすれたこえで〜

♪ おこったこえで〜

♪ いじけたこえで〜

げんきにはしろう

一言で「走る」っていっても、
いろいろな「走る」があるよね。
何種類くらい思いつくかな？

詞・曲　新沢としひこ

げんきに はしろう　げんきに はしろう
チョコチョコ はしろう　チョコチョコ はしろう
ドスドス はしろう　ドスドス はしろう

げんきに
チョコチョコ　はしって　ゴールイン
ドスドス

♪ **げんきにはしろう〜**

うたに合わせて元気に走る。

♪ **ゴールイン**

両手を上げてゴールのポーズ。

第 2 章　げんきに　あそぼう

♪ 2ばん **チョコチョコはしろう～**

♪ 3ばん **ドスドスはしろう**

小走りにチョコチョコと走る。

おすもうさんのようにドスドス走る。

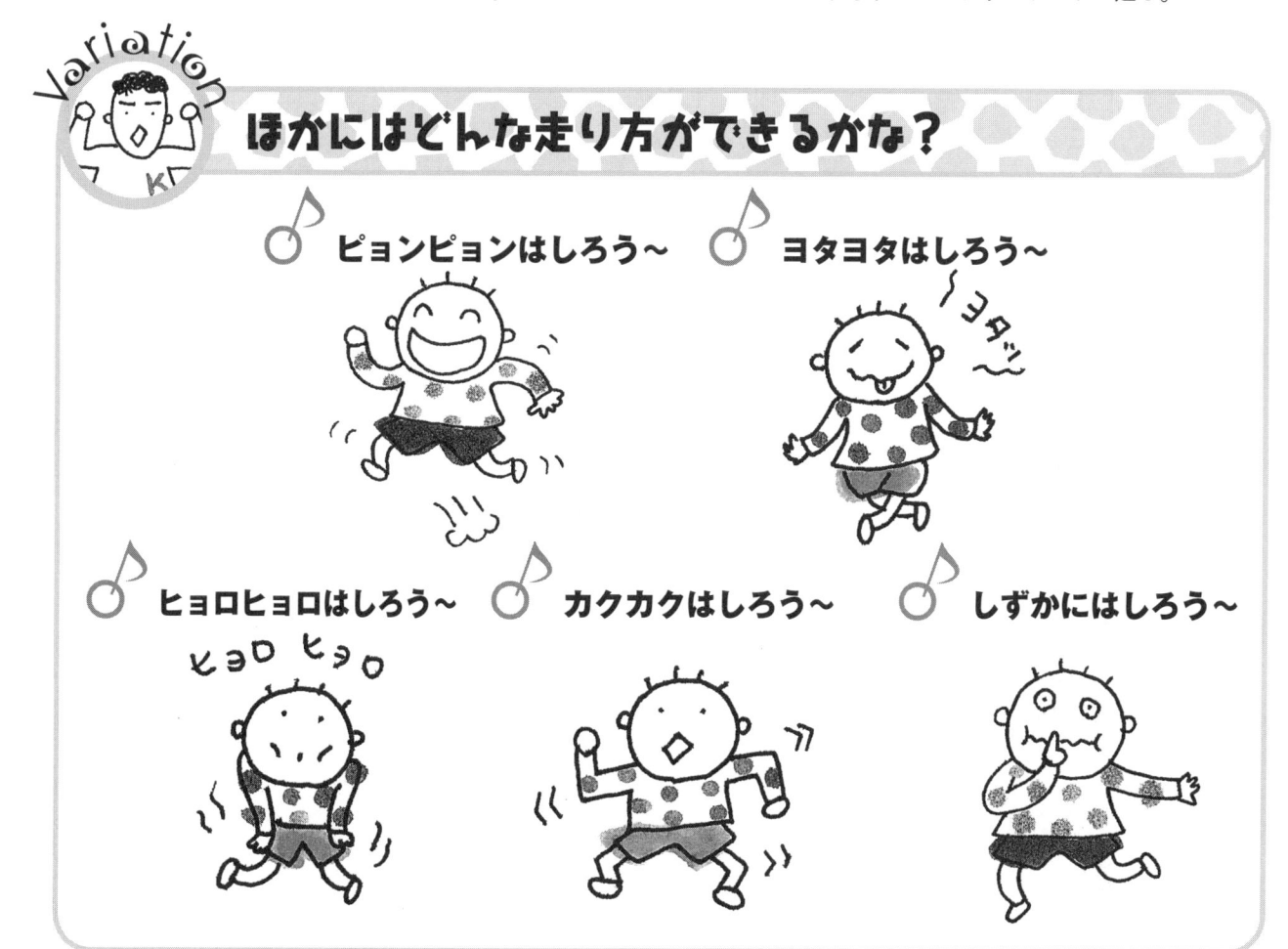

Variation ほかにはどんな走り方ができるかな？

♪ ピョンピョンはしろう～

♪ ヨタヨタはしろう～

♪ ヒョロヒョロはしろう～

♪ カクカクはしろう～

♪ しずかにはしろう～

だっこレスキューたい

「だっこレスキューたい」は、なんでもだっこして助ける救助隊なのだ。
ほらまた、あそこに困っている人がいるぞ！「だっこレスキューたい、出動！」
劇あそびにしていっても楽しいね。

詞・曲　新沢としひこ

♪ レスキュー　レスキュー〜

うたに合わせて両手を左右に振る。

♪ まいごのこいぬを　はっけん

まいごのこいぬ

片方の手を目の上にかざし、
遠くを見るポーズ。

こいぬ役の子は、四つんばいになる。

第 ❷ 章　げんきに　あそぼう

♪ やさしく　だっこ〜

レスキュー隊役がこいぬ役をだっこして救助する。

♪ 2ばん　つかれたひとを　はっけん〜

グッタリと座りこんで、疲れた人のポーズ。
レスキュー隊は、1ばんと同じ要領で救助する。

♪ 3ばん　ないてるこどもを　はっけん〜

泣いてる子どもを演じる。
レスキュー隊が救助する。

Variation　いろいろ助けてあげよう

- ころんだひと
- おぼれたこねこ
- けがしたことり

劇あそびにしても楽しめます

配役

レスキュー隊① / レスキュー隊② / レスキュー隊③ / レスキュー隊④ / こいぬ / 疲れた人 / 泣いてる子ども

脚本

- レスキュー隊役の子はうたに合わせて、左右に両手を振りながら、一列になって歩く。
- 迷子のこいぬ、ウロウロと登場。
- 「あっ、迷子のこいぬがいるぞ！ みんな救出だ！」「オー！」
- レスキュー隊はこいぬを優しくだっこする。
（こいぬ役がひとりの場合は、順番にだっこしてあげる。）
- こいぬ、喜ぶ。
- 「あそこに見えるのがおうちじゃないか？」
- 「キャン キャン！」
- 「あーよかった、おうちにおかえり」
- こいぬ、家に帰っていく。
- 再びうたに合わせて歩く。2番以降も同様に。

第 ❷ 章　げんきに　あそぼう

Variation　大勢で遊ぶときは…

●全体を2グループに分け、レスキュー隊と救助される人を交代で演じる。

「あ、ないてる こどもたちだ！」

エ〜ン　エ〜ン

キリンくんのあそびうた日記

探検隊ごっこのテーマソング

　保育園で働いていた時に、ぼくは公園で子どもたちと探検隊や救助隊ごっこをするのが大好きでした。幅の広い大きなコンクリートのすべり台のある公園に行った時などは、必ずやりましたね。すべり台をすべる時にただすべるのではなく、「あっ、たいへんだ〜、すべる〜、助けてくれ〜」などと、手を伸ばして悲鳴をあげながら、ゆっくりすべり落ちて遭難した人を演じるのです。すると、必ずだれかが「大丈夫か〜」とぼくの手をつかんで助けてくれるのです。続いてほかのノリのいい子たちも「あっすべる〜、助けて〜」とすべっていったりします。「今度は、あの人がすべったぞ！みんな助けるんだ〜」などと、声をあげれば、もうそこはすっかり吹雪の雪山。「しっかりしろ〜」「ちゃんとつかまるんだ〜」「助けてくれ〜」「今いくからな〜」と、みんななかなかの名演技です。子どもたちは楽しみ方をよく知っていて、その後も救助隊のドラマは、延々と続いていきます。

　こうやって、ちょっとドラマの世界に入りこんでいくと楽しいんですよね。そんな時には即興でうたをつくって、「探検隊のテーマソング」にしたりしました。うたがあると盛り上がります。『だっこレスキューたい』も、そんなふうに使ってもらえたらうれしいです。「なんとか○○隊」と、どんどん替えうたして、かまいませんからね。

ひこうきにのってどこへいこう

旅行、遠足、散歩、お出かけ、どこかに行くって楽しいですよね。
どんな乗り物に乗って、どこに行って、何をしたら楽しいか、みんなで考えてみよう！
うたの中で、どんなところにでも行けちゃうぞ！

詞・曲　新沢としひこ

ひこうきにのって　どこへいこう　ほっきょくあたりに　いきたいな
ロケットにのって　どこへいこう　おひさまあたりに　いきたいな
ボートにのって　どこへいこう　おにがしまあたりに　いきたいな

ほっきょくで　でっかい　かきごおり　がりがりたべよう　ー
おつきさまで　ウサギと　おもちつき　ペッタンペッタンやりたい　ー
おにがしまで　オニと　おにごっこ　ワイワイあそぼう　ー

♪ **ひこうきにのって　どこへいこう**

両手を水平に広げ、飛行機のポーズでひと回り。

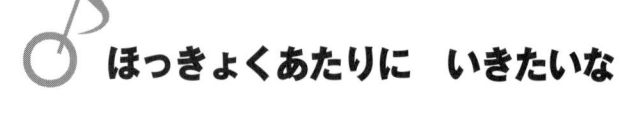

♪ **ほっきょくあたりに　いきたいな**

体を震わせて、寒がっているように。

第 2 章　げんきに あそぼう

♪ ほっきょくで　でっかいかきごおり
　ガリガリたべよう

ガリガリと氷をかじるまねをする。

♪ 2ばん
　ロケットにのって～おつきさまで
　ウサギとおもちつき～

ウサギと餅つきをしているようすを演じる。

♪ 3ばん
　ボートにのって～
　おにがしまでオニとおにごっこ～

オニとおにごっこをしているようすを演じる。

キリンくんのあそびうた日記

乗り物は苦手

　ぼくは車の運転をしません。免許をもっていないんですよね。なんか乗り物って、ちょっと苦手な意識が昔からあります。自転車も小学校高学年くらいまで家になかったし、乗れますけど、下り坂とか、ちょっとスピードが出ると怖いなあ、と思ったりします。友達のバイクの後ろに乗った時も、ほんの5分くらい住宅街をゆっくり（友達が言うには）走っただけでしたが、ぼくは危険で死ぬかと思いました。ぼくには平地を自転車で走るくらいがちょうどよく、それ以上はコントロール不能の恐怖のスピードに思えてしまうのです。
　まあ、怖がりなんだな。

ガッチリガード

自分を守ることって大切だよ！　これは自分をガッチリガードするあそび。
すばやく、そして正確に、ちゃんと自分を守りましょう。
リーダーのいじわるに、みんなひっかからないように。

詞・曲　新沢としひこ

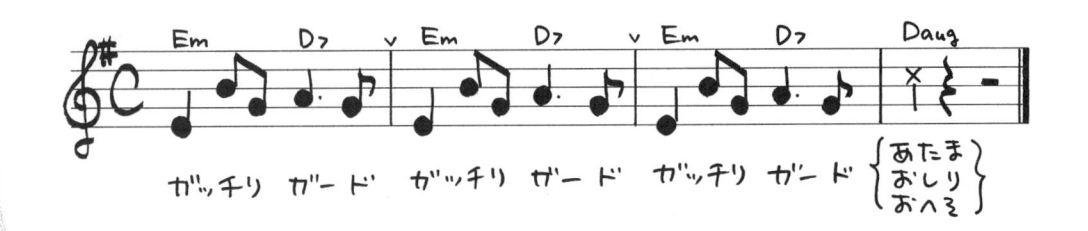

ガッチリ ガード　ガッチリ ガード　ガッチリ ガード　{あたま／おしり／おへそ}

♪ ガッチリガード　ガッチリガード　ガッチリガード

ひじを曲げて、右にツーステップ。

同じようにして、左にツーステップ。

もう1回、右にツーステップ。

第 ② 章　げんきに　あそぼう

♪ あたま　　♪ おしり（2ばん）　　♪ おへそ（3ばん）

リーダーのかけ声に合わせ、
すばやく頭をガードする。

おしりをガード。

おへそをガード。

Variation　いろんなところをガードしよう！

♪ かお

♪ あしのうら

♪ わきのした

Variation　ひっかけ問題でレベルアップ

●慣れてきたら、リーダーは「あたま」と言いながら「おしり」を押さえたりして、みんなをひっかけたりすると楽しいですよ。

あたま　　あ

どれにしようかな

リーダーと同じポーズをするんだよ。
リーダーの心と体の動きをしっかり観察してね。
「リーダーと違うポーズをする」というバリエーションでも遊べるよ。

詞・曲 新沢としひこ

♩ りんごと　　♩ バナナと　　♩ パイナップル

胸の前で両手のこぶしを合わせる。　手のひらを合わせる。　手のひらを広げる。

第 ❷ 章　げんきに　あそぼう

♪ **どれにしようかな**　　　　♪ **りんご（バナナ　パイナップル）**

かいぐりをする。

リーダーは、りんご、バナナ、パイナップルのいずれかの
ポーズをする。ほかのみんなはそれを即座にまねする。

Variation　じゃんけんあそびにもできます

♪ **りんごと**

胸の前で「グー」をつくる。

♪ **バナナと**

「チョキ」をつくる。

♪ **パイナップル**

「パー」をつくる。

♪ **どれにしようか**

かいぐりをする。

♪ **ジャンケンポン**

じゃんけんをする。

おかわりちょうだい

食欲があるのはとっても良いこと。
たくさんおかわりしましょう。
でも本当にバケツいっぱいのジュースを飲んだら、どうなっちゃうかなあ？

詞・曲　新沢としひこ

コップにいっぱい ジュースをのんだ ゴクッとのんだ
おちょこにいっぱい ジュースをのんだ ゴクッとのんだ　おかわりちょうだい
バケツにいっぱい ジュースをのんだ ゴクッとのんだ

♪ コップにいっぱい　　♪ ジュースをのんだ　　♪ ゴクッとのんだ

両手でコップの形をつくる。　　手を口にもっていく。　　飲むまねをする。

第 2 章　げんきに あそぼう

♪ おかわりちょうだい　　♪ 2ばん おちょこにいっぱい〜　　♪ 3ばん バケツにいっぱい〜

両手を前にさし出す。　　両手で小さくおちょこの形をつくる。　　両手で大きくバケツの形をつくる。

Variation いろんな器で飲んでみよう！

♪ おさらにいっぱい〜 　　♪ スプーンにいっぱい〜

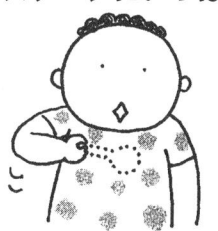

♪ おちゃわんいっぱい　　♪ おなべにいっぱい〜　　♪ プールにいっぱい〜

ジュースだけでなく、ごはんやおそばなどいろいろなものを食べるまねをしても、楽しいよ。

ゆっくりのうた

ゆっくり歌う時は、よりゆっくりらしく、のんびりホゲホゲと、
いそいで歌う時は、よりいそいであわただしくバタバタと、歌うのがコツです。
その差が大きければ大きいほど、おもしろいよ。

詞・曲　新沢としひこ

ゆっくりうたおう　よ　ゆっくりのうた　を
いそいでうたおう　よ　いそいでのうた　を
もっとゆっくりうたおう　よ　もっとゆっくりのうた　を

ゆっくりせかいは　まわってる　ゆっくりのうた　を
いそいでせかいは　まわってる　いそいでのうた　を
もっとゆっくりせかいは　まわってる　もっとゆっくりのうた　を

♪ **ゆっくりうたおうよ～**

体をゆっくり動かしながら、ゆっくり歌う。

♪ 2ばん **いそいでうたおうよ～**

バタバタとせわしく体を動かしながら、急いで歌う。

第 ② 章　げんきに　あそぼう

♪ 3ばん もっとゆっくりうたおうよ〜

超スローテンポで体を動かしながら、
超ゆっくりに歌う。

「もっといそいで〜」
バージョンとかもできるね。
いろいろなテンポで
繰り返し遊ぶと楽しいよ。

キリンくんのあそびうた日記

ゆっくりしよう！

雑誌に「豪華客船」の記事が載っていました。今の船の旅はカジノやスポーツクラブ、毎日行われるショーなど娯楽施設が充実していて、それに全部参加していたらのんびりしている暇はとてもないそうです。船長さんの談話が載っていました。「日本の方は何かせずにはいられないようですね。船旅はもっとぼんやりと何もしない時間を味わってもらいたいものです」と。

せっかく高いお金を出して旅行に来ているのだから、たくさんのことをやっておかないと…という気持ちはよくわかります。いわゆる貧乏性というやつですね。

子どもと接する時も、ぼくたちはちょっと貧乏性になっているかもしれません。できるだけたくさんのことを短時間で習得させようと、おとなたちはつい一生懸命になってしまいます。細かいカリキュラムをたて、目標を掲げ、色とりどりの充実した保育にしようとがんばるわけです。そのがんばりはとてもすばらしいことなんでしょうけど、時にはぼんやりする豊かさも子どもたちに教えてあげられたらと思います。時にはゆったり、時にはシャキッと、うまくコントロールしたいものですね。

ほしいものなあに

自分が今欲しいものを考えるのも楽しいし、
大好きな誰かが、今何が欲しいかな？　と考えるのも楽しいね。
本当にもらえちゃったら、どうしようかな！

詞・曲　新沢としひこ

ひろしくんのほしいものはなあに　－　－
ようこちゃんのほしいものはなあに　－　－
おとうさんのほしいものはなあに　－　－

ひろしくんのほしいものはロケット　－　－
ようこちゃんのほしいものはパンダ　－　－
おとうさんのほしいものはヘリコプター　－　－

おっきな　おっきな　ロケット
おっきな　おっきな　パンダ　｝もらえたら　すて　キ（チャンチャン）
おっきな　おっきな　ヘリコプター

第❷章　げんきに　あそぼう

♪ **ひろしくんのほしいものはなあに**

ひとりずつ順番に欲しい物を聞いてみる。

♪ **ひろしくんのほしいものはロケット**

欲しい物をゼスチャーで表しながら歌う。

♪ **おっきなおっきなロケット〜**

両手を大きく広げ、喜びを表すポーズ。

♪ **（チャンチャン）**

手拍子を2回。

♪ 2ばん **ようこちゃんのほしいものはパンダ〜**

四つんばいになってパンダのポーズ。

♪ 3ばん **おとうさんのほしいものはヘリコプター**

頭の上で手をパタパタさせ
ヘリコプターのポーズ。

だんだん

急に変化するんじゃなくて、だんだん、少しずつ変わっていくあそびだよ。
「変化」とは、その「過程」が大切なのだ。
ちょっとずつ変わっていく自分を楽しみましょう。

詞・曲　新沢としひこ

♪ **だんだんおおきくなってゆく　だんだんだんだん　ワッハッハッ**

うたに合わせて腕や足をだんだん広げていく。最後に大笑い。

♪ 2ばん **だんだんちいさくなってゆく　だんだんだんだん　チッチッチッ**

うたに合わせて腕や足をだんだん縮めていく。最後に小さく笑う。

第 2 章　げんきに　あそぼう

大人数で輪になって…

♪ だんだんおおきく～

♪ だんだんちいさく～

輪になって手をつなぎ、
うたに合わせて輪を大きく広げていく。

中央に歩みより、輪を小さくしていく。

だんだん変身バージョン

♪ だんだんいぬに～

♪ だんだんさかなに～

♪ だんだんとりに～

犬や魚などの生き物に
だんだん変身していきます。

うさぎさん

いろんな動物で
やってみよう。

チョッキンむし

チョキにした手を、開いたり閉じたりしてみたら、あら不思議！
手に命が吹き込まれて、チョッキンむしになりました。
ほらほら、何かはさみたくなってきたぞ！

詞・曲　新沢としひこ

チョッキン　チョッキン　チョッキン　むしがいく　（チョッキン チョッキン）
グルリン　グルリン　グルリン　むしがいく　（グルリン グルリン）
パックン　パックン　パックン　むしがいく　（パックン パックン）

チョッキン　チョッキン　チョッキン　どこまでも　（チョッキン チョッキン）
グルリン　グルリン　グルリン　どこまでも　（グルリン グルリン）
パックン　パックン　パックン　どこまでも　（パックン パックン）

ちいさなところも　｛チョッキン チョッキン／グルリン グルリン／パックン パックン｝
おおきなところも　｛チョッキン チョッキン／グルリン グルリン／パックン パックン｝

どんなところも　｛チョッキン チョッキン　チョッキン チョッキン　さ チョッキン！／グルリン グルリン　グルリン グルリン　さ グルリン！／パックン パックン　パックン パックン　さ パックン！｝

第2章　げんきに　あそぼう

♪ **チョッキン〜チョッキンむしがいく〜　チョッキン〜どこまでも（チョッキンチョッキン）**

「チョキ」を開いたり閉じたりしながら、左右交互に突き出す。
（チョッキンチョッキン）で上に向かって2回チョキを突き出す。これをもう一度繰り返す。

♪ **ちいさなところも　チョッキンチョッキン**

「チョキ」を内側に向けて
小さくチョキチョキ。

♪ **おおきなところも　チョッキンチョッキン**

両手を大きく広げ、チョキチョキ。

♪ **どんなところも〜　チョッキンさ**

あちこちをチョキチョキ切るまねをする。

♪ **チョッキン！**

上に大きくチョキを突き出す。

♪ **2ばん　グルリン〜グルリンむしがいく〜**

両手でグーをつくり、手首をぐるぐる回して。

♪ **3ばん　パックン〜パックンむしがいく〜**

手のひらをパクパクさせながら。

Column

いっしょに成長しているんだよね

　保育をしていた時に、頭の中にずっとこびりついていたのは、「この子たちにとって、ぼくはいったいどんな存在なんだろう？」ということでした。とても頼りない、未熟な先生だなぁって思っているのだろうか？　意外とりっぱなおとなに見えているのだろうか？　近所の変なお兄さんみたいに見えているのだろうか？　保育室でみんなと遊んでいる時にも、フッとそんなことを考えたこともありました。自分がそこに存在していることが、とても不思議なことに思えたりして…。

　保育者はどっしり構えて、いつも安定した精神状態でいるのがいいと思います。その方が子どもたちも安定するし、しっかりしていて落ち着いた保育者なら親も安心して子どもを任せられます。それから考えると、ぼくは確実に保育者落第。自分の居場所がなかなか定まらないというか、子どもたちとの距離を測りかねて、いつも気持ちがフラフラしていました。すっかり子どもたちの気持ちになって夢中で遊んだり、真剣に子どもと張り合ってみたり、妙に先生づらをしてえらそうに叱ったと思えば、子どもの何気ないひと言に腹を立てたり傷ついて落ち込んだり…。本当にきまぐれで、子どもたちにしてみたら、随分勝手で迷惑な保育者だったのではないでしょうか。

　毎年、一年間の保育が終わるころになると、その一年間の自分への反省と、すばらしい子どもたちに出会えた幸福感と、その子たちとの別れの寂しさが、三つどもえで押し寄せて心がいっぱいになってしまいます。そして、「ああ、今年も何の答えも出ないままに終わってしまうみたいだな」と思うのです。でも、そういう目で保育室をあらためて見回してみると、子どもたちは意外にちゃんと成長しているように思えてきました。居場所がよくわからないおとなのぼくとは裏腹に、自分の居場所をしっかり見つけ、堂々とりっぱに自分を生きている感じがしました。どの子もその子らしくいきいきと遊んだり、怒ったり、笑ったり、泣いたりして、輝いているなあと思えてきたのです。保育者が頼りないへなちょこだと、子どもたちは「自分がしっかりしないと」と思って、かえってたくましく育つのかなあ、とぼくは都合のよいことを考えたりしました。

　試行錯誤しながら毎日いっしょに生活して、いろんな自分の感情に出会いながら、きっとみんなでいっしょに成長してきたんだよね。一年間保育してもらったのは結局ぼくの方だったりして…。う～ん、そういう保育もあるかなあ？　と思いつつ毎年終わっていく、それがぼくの3月でした。

第3章 うたって あそぼう！

みんなのなまえ

ひとりずつに名前があって、ひとりずつに思い出がある。
みんなの名前、ずっとずっと覚えていたいね。
うたにして、ずっと覚えていようね。

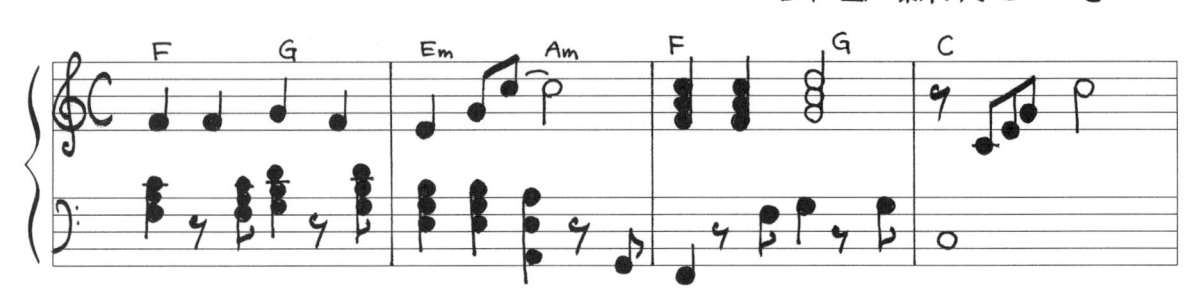

詞・曲 新沢としひこ

わすれないで いようー おぼえていよう ー

であったー ともだちー みんなのことも ー

第 ③ 章　うたって　あそぼう

●全員の顔が見えるように、輪になって歌います。歌詞の名前の部分はクラスのお友達の名前に置き換えてください。自分の名前のところで1歩前に出たり、「ハイ」と手を上げて返事をしたりしてもいいでしょう。

さよならのかわりに

卒園の時に「さよなら」って言うのは、ちょっとさみしいね。
そんな時は、このうたで。
楽しい「さよなら」の代わりを、いろいろ探してみよう。

詞・曲　新沢としひこ

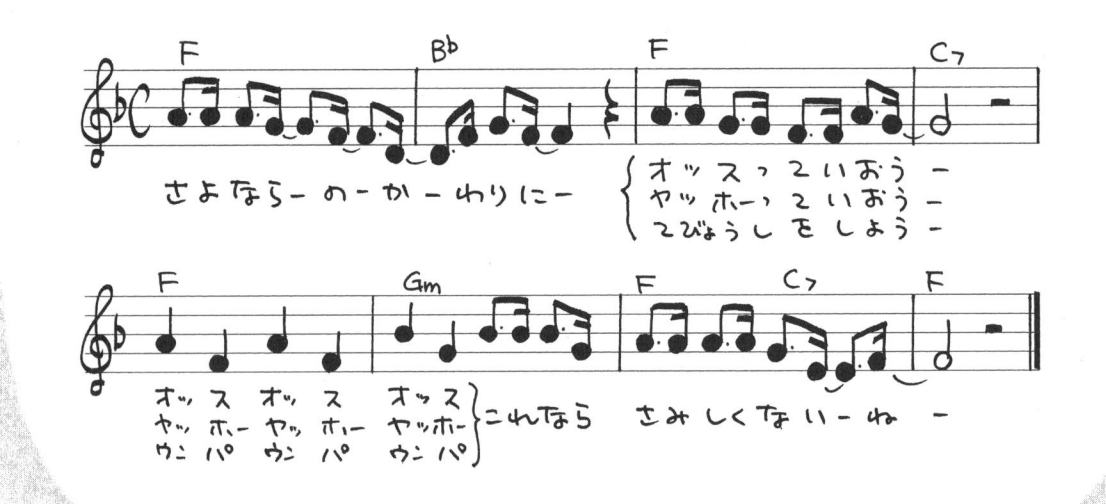

さよならー　のー　かー　わりに　ー
｛ オッスっていおう　ー
　ヤッホーっていおう　ー
　てびょうしを　しよう　ー ｝

｛ オッス　オッス　オッス
　ヤッホー　ヤッホー　ヤッホー
　ウンパ　ウンパ　ウンパ ｝　これなら　さみしく　ない　ー　ね　ー

♪ さよならのかわりに

ふたり組で向かい合い、曲に合わせて軽くリズムをとる。

♪ オッスっていおう　オッスオッス〜

片方の手を上げて「オッス」と元気にあいさつ。

第 3 章　うたって　あそぼう

♪ ②ばん
**ヤッホーっていおう
ヤッホーヤッホー〜**

口に手をあてて、「ヤッホー」と叫ぶ。

♪ ③ばん
**てびょうしをしよう
ウンパウンパ〜**

大きく手拍子をする。

Variation 「さよなら」の代わりを、いろいろ探してみよう

♪ **ワッハってわらおう〜**

腰に手をあてて、大きく笑う。

♪ **またねっていおう〜**

「またね」と言いながら、笑顔で手を振る。

♪ **あくしゅをしよう〜**

周りのだれかと握手をする。

ほかにも「こちょこちょしよう」や「ウッホっていおう」などおもしろいものを考えてみてね。

みんなにあえてよかったな

卒園のころに歌ってください。
みんなに会えて良かったなあ、という気持ちで
みんなで自然に歌えたら良いですね。

詞・曲　新沢としひこ

（歌詞）

1番:
まだ　ちいさかったころに
ままが　だきしめてくれた
ともだちが　できた
ともだちに　なれた
みんなに　あえてよかったな

2番:
こんなに　おおきくなった
わらって　こんどは
ぐっと　ないて
どんな　ともだち
ともだちに　なる
ともだちが　いる
みんなに　あえてよかったな

第❸章　うたって　あそぼう

世界中のこどもたちが

簡単なふりつけをしてみました。
あまり、ふりにはこだわらずのびのび歌ってください。
動きも声も、大きく元気良くね。

詞・新沢としひこ
曲・中川ひろたか

せかいじゅうのこどもたちが いちどに わらったら そらもわらうだろう ラララ うみもわらうだろう せかいじゅうのこどもたちが いちどに なーいたら そらもなーくだろう ラララ うみもなくだろう ひろげよう ぼくらの ゆめを とどけよう ぼくらの

第 ③ 章　うたって あそぼう

こえをさかせ よう ぼくらの はなを せかいに にじを かけ
よう　せかいじゅうの こどもたちが いちどに うたった
ら　ららもうたうだろう ララララ うみもうたうだ
ろう

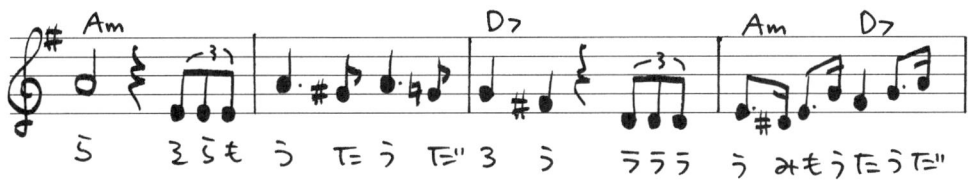

©1989 by CRAYONHOUSE CULUTURE INSTITUTE

♪ **せかいじゅうのこどもたちが いちどにわらったら**

手拍子をしながら、元気に足踏み。

♪ **そらもわらうだろう**

手をヒラヒラ動かしながら、上から下へ大きく円を描く。

♪ **ラララ　うみもわらうだろう**

手をヒラヒラさせながら、前から後ろに水平に円を描く。

♪ **せかいじゅうのこどもたちが いちどにないたら**

悲しい顔をして、手拍子と足踏み。

♪ **そらもなくだろう**

手をヒラヒラさせながら、
上から下へ大きく円を描く。

♪ **ラララ　うみもなくだろう**

手をヒラヒラさせながら、
前から後ろに円を描く。

第 3 章 うたって あそぼう

♪ ひろげよう
右手をななめ上に大きく伸ばす。

♪ ぼくらのゆめを
右手を上げたまま、左手もななめ上に伸ばす。

♪ とどけよう ぼくらのこえを
両手を前に引き寄せながらこぶしをにぎり、再び前に出す。これを2回繰り返す。

♪ さかせよう ぼくらのはなを
手を前に出し上に向けてすぼませ、つぼみの形をつくる。これを開いたり閉じたりしながら、前から後ろに腕を開いていく。

♪ せかいに にじをかけよう
虹を描くように、右手を左から右へ大きく回す。

♪ せかいじゅうの〜
同じように繰り返す。

ハッピーチルドレン

このうたはハッピーに歌うのがとっても大切。
ふりつけも簡単だよ。
ちょっとはずむように踊ってね。

詞・新沢としひこ
曲・中川ひろたか

第 ③ 章　うたって あそぼう

ハッピー チルドレン ハッピー チルドレン {さみしがりは / へそまがりは} だれ
だれ ハッ ピー ハッピー ハッピー チルドレン ハッピー チ
ルド レン ぼくらを みて ごらん ハッピー ハッピー
ハッ ピー チ ルドレン ハッピー チルドレン けんかは おしまい

©1989 by CRAYONHOUSE CULUTURE INSTITUTE

♪ **それはふしぎな　まほうのちから**

右足と左足を交互に横に出す。これを2回繰り返す。

♪ **ぼくとはなすと**

自分を指さす。

♪ **しあわせになる**

両手を上に上げてブラブラさせながら、その場をスキップ。

♪ **だれでもいいさ　みみをかしなよ**

右手を大きく横に出す、左手も同様に。これを2回繰り返す。

♪ **ほっぺゆるんで**

手を開いて、ほっぺたの横でグルグル回す。

♪ **わらいたくなる**

両手を上でブラブラさせながら、笑顔でスキップ。

第 3 章　うたって あそぼう

♪ ハッピーハッピー〜
　おこりんぼは

左右に揺れながら、うたに合わせて手拍子。

♪ どこ

手を額にかざし、その場でジャンプ。

♪ ハッピーハッピー〜
　さみしがりは

左右に揺れながら、うたに合わせて手拍子。

♪ だれ

両手、両足を広げて、大きくジャンプ。

♪（2番かっこ）
　ハッピーハッピーハッピー
　チルドレン〜

左右に揺れながら、うたに合わせて手拍子。

2番も同じように繰り返してね。

107

キラキラがいっぱい

簡単なふりもついていますが、うただけでも良いと思います。
ふり返るとキラキラしている、楽しい思い出の数々。
卒園式やお別れ会で、気持ちをこめて、でも元気良くうたってね。

詞・曲 新沢としひこ

1. ポケットの なかには キラキラがい っぱいー
2. ポケットの なかには キラキラがい っぱいー
3. あそこにも ここにも キラキラがい っぱいー
4. けんかして ないたひ ふざけてわら ったひー

第3章　うたって　あそぼう

ち えん　　さ よ　ち えん
（く えん）　　　　（く えん）

D.S.

©1998 by ASKMUSIC CO.,LTD

第 3 章　うたって あそぼう

♪ ポケットのなかには
腰に手をあてて、体を左右に振る。

♪ キラキラがいっぱい
胸の前で両手をキラキラと振る。

♪ むねにてをあてれば
両手をにぎって胸にあて、手のひらを開きながら腕を前に出す。これを2回繰り返す。

♪ いまもおもいだすよ
手をひらひらさせ、両手を内側から外側へ大きく回す。

♪ さくらのはなびら　キラキラはるのひ～
両手を上に上げ、左右に振る。

> ふりはつけずに普通に歌ってもいいよ。

♪
表紙カバーイラスト／村上康成
表紙カバー・大扉デザイン／竹内玲子（デザインルーム・アップル）
本文イラスト／曽根悦子
本文デザイン／嶋岡誠一郎　赤坂利恵子
編集協力／株式会社スリーシーズン

キリンくんのパンパカあそびうた

2001年6月20日　初版第1刷発行
2015年4月　　　　第9刷発行

著　者／新沢としひこ　©TOSHIHIKO SHINZAWA
発行人／浅香俊二
発行所／株式会社チャイルド本社
　　　　〒112-8512　東京都文京区小石川5-24-21
　　　　☎03-3813-3781　　振替／00100-4-38410
印刷／共同印刷株式会社
製本／一色製本株式会社

日本音楽著作権協会（出）許諾第0106575-509号
乱丁・落丁本はお取り替えいたします。

本書の内容の一部あるいは全部を無断で複写複製することは、法律で認められた場合を除き、著作権者及び出版社の権利の侵害となりますので、その場合は予め小社あて許諾を求めてください。

チャイルド本社ホームページアドレス　http://www.childbook.co.jp/